Michael Horowitz
Heinz Marecek

Feuerwerk der Pointen

Michael Horowitz
Heinz Marecek

Feuerwerk der Pointen

Sprüche, Zitate, Lebensweisheiten

Danke, dass Sie sich für unser Buch entschieden haben. Wir freuen uns, wenn wir Sie auch weiterhin über unsere Neuerscheinungen informieren dürfen, und laden Sie ein, unseren Newsletter unter www. ueberreuter-sachbuch.at zu abonnieren.

1. Auflage 2020

ISBN 978-3-8000-7750-2

Lektorat: Marina Hofinger
Gestaltung und Satz: Saskia Beck, s-stern.com
Druck und Bindung: Finidr s. r. o.
www.ueberreuter-sachbuch.at

Inhaltsverzeichnis

Drei Freunde

von Michael Horowitz

Schach-Partien, ein kolossaler Knurrhahn, ein Chanson von Jacques Brel, morgendliche Gedanken vom Karussell des Lebens – und wie es zu diesem Buch kam.

Heinz Marecek, Werner Schneyder und ich.
Drei Freunde. Jeder ein Alphatier. Jeder mit meist sehr subjektiven Ansichten. Jeder von einer gewissen Eitelkeit getrieben. Werner hat seinem Verlag einmal den Buchtitel *Ich* vorgeschlagen ... die Selbstüberschätzung, die mich mitunter befällt, darf hier unerwähnt bleiben.

„Manchmal gehen mir meine Meinungen auf die Nerven", hat mir mein Freund Werner einmal nach der zweiten Portion Backhendl beim Kärntner Kollerwirt unter dem mächtigen Kastanienbaum zugeflüstert, „aber ich habe keine anderen." Nicht immer waren wir drei einer Meinung – aber immer haben wir nach leidenschaftlichen Auseinandersetzungen wieder zusammengefunden. Eine Umarmung, ein paar Gläser Wein, ein Essen mit stundenlangen Diskussionen – und schon waren wir wieder einmal in großer Harmonie nicht einer Meinung. Und blieben immer Freunde.

Werner Schneyder. Ein fast Zwei-Meter-Mann mit ewigem Bürstenhaarschnitt. Denken hat ihm Spaß gemacht. Er war Satiriker und Sprachspieler, provokanter Philosoph und verletzlicher *Universaldilettant* – wie er sich kokett selbst nannte. Er hatte nicht nur als Sportjournalist und Fußballtormann, Boxkommentator und Werbetexter, sondern auch als Sänger,

Dramaturg, Essayist und Kabarettist Erfolg. Die Süddeutsche Zeitung schrieb über seine Aphorismen: „Wie bei Karl Kraus ist bei Schneyder das Wortspiel nicht artistischer Selbstzweck, sondern Vehikel eines kritischen Gedankens."

Unser Freund Werner konnte fast alles. Fremde Sprachen nicht. Aber die Namen seiner Lieblingstiere, der Fische, wusste er alle: „Knurrhahn heißt französisch Grodin, italienisch Gallinella und kroatisch Gurnard ..." erwähnte er oft und gerne voller Stolz.

Michael Heltau, für den Werner Chansons von Jacques Brel – darunter *Jef*, ein Lied über zwei Freunde, in dem der eine den anderen noch einmal aus der Gosse ziehen möchte, bei Schneyder hieß er *Franz* – übersetzt hat, erinnert sich Jahrzehnte später: „Das war 1975. Werner hatte nur sehr habakukische Französischkenntnisse (Sie wissen schon: Habakuk in Raimunds *Alpenkönig und Menschenfeind*, der ständig prahlt: „Ich war zwei Jahr' in Paris", bevor er eingestehen muss, dass er lediglich in Stockerau war). Schneyders großartige Frau Ilse fertigte Rohübersetzungen an. Auf deren Grundlage machte er dann mit phänomenalem Gespür Nachdichtungen, die manchmal sogar die Originale übertrafen. Bei den Aufnahmen vom *Franz* stellte sich heraus, dass sich manche Textzeilen mit der Musik nicht recht ausgingen. So kam es im Zuge der Arbeit zu der „Melodram"-Lösung. Eines Tages bekamen Werner und ich einen Anruf des Psychiaters und Selbstmordspezialisten Erwin Ringel, der uns in sein Institut für Suizidprävention bat. Er wollte uns seine Begeisterung über den *Franz* mitteilen, der alle Erfordernisse erfülle, die man im Umgang mit selbstmordgefährdeten Menschen beachten sollte ..."

Am 2. März 2019 war ich mit Werner und zwei Freunden am *Schmähbankerl* zum Essen verabredet. Er vertraute schon immer meinen Lokaltipps. Und ich seinen – auch eine wichtige Prämisse einer Freundschaft. Wir verabredeten uns an jenem Samstag zu Mittag draußen an der Dornbacher Peripherie.

Zwischen dem Krankenhaus Göttlicher Heiland und dem Wiener Sport-Club-Platz. Noch heute schwärmen hier die älteren, seit Längerem vom Erfolg ihrer Mannschaft nicht verwöhnten Fans, vom Jahr 1958. Vom 1. Oktober, als ihre Mannschaft – nach vier en suite-Toren zwischen der 34. und 80. Minute von Pepi Hamerl – Juventus Turin mit 7:0 deklassierte. Es sollte die höchste Niederlage einer italienischen Mannschaft in der Geschichte des Europacups werden.

Treffpunkt mit meinem Freund Werner war ein dalmatinisches Lokal: Eine resche, nicht unfesche Wirtin begrüßt hier jeden einzelnen Gast. In einer leicht verschlissenen Atmosphäre, wo der Neubezug der Sitzmöbel kein Luxus wäre. Doch die Frische der Fische und Meeresfrüchte stimmt Stammgäste milde. Für den Oktopussalat *na otčki*, die Fischsuppe *Brudet Art* oder *Crni Rižot* – in Turin würde man es *Risotto Nero di Sepia* nennen – kommen Fischliebhaber auch aus der nobleren Innenstadt hierher nach Dornbach.

Werner bestellte nach einer üppigen Vorspeisenvariation aus Meer und Karst einen Fisch für sich alleine – natürlich auf Kroatisch: Gurnard. Und verputzte den fast ein Kilo schweren, kolossalen Knurrhahn in Windeseile, damit er endlich den Kopf auszuzeln konnte.

Noch ein letztes Glas Žlatina, dann ließ sich Werner ein Taxi bestellen und fuhr in seine Wiener Wohnung im dritten Bezirk, die ihm während seiner letzten Lebensjahre Geborgenheit gab. Vermutlich hörte er sich noch Robert Stolz-Evergreens mit dem Titel *Schön war's heute Abend* an. Gesungen von Milva, die er verehrte. Wenige Stunden danach starb Werner Schneyder. Auf dem Plattenteller fand man die Operetten-Klassiker.

Am nächsten Morgen habe ich Heinz Marecek in Ibiza – wo Werner ihn noch wenige Wochen zuvor für einen Schach-Marathon besucht hat – angerufen. Und ihm vorgeschlagen, statt der täglichen Skype-Schachpartie der beiden, ein neues morgendliches Ritual zu beginnen und sich jeden Tag ein Zitat, eine Pointe, einen Aphorismus zu schreiben. Je nach Lust, Laune und Gemütszustand.

In Erinnerung an unseren unvergesslichen Freund Werner, der – wie kaum ein anderer – ein Leben lang in knapper Form menschliche Schwächen oder gesellschaftliche Phänomene auf den Punkt bringen konnte.

Freudig wartete ich ab dem nächsten Tag in der Früh auf das neueste, brillante Bonmot, das Heinz gefunden hatte. Von Peter Altenberg oder Kurt Tucholsky, von Oscar Wilde: „Die Ehe ist gegenseitige Freiheitsberaubung in beiderseitigem Einverständnis" oder von Eugene O'Neill: „Ein zufriedener Straßenkehrer ist mehr wert als ein neurotischer Professor." Und ich antwortete Heinz mit ein paar Zeilen, die mir an diesem Tag wichtig waren.

Aus dieser Idee, die wir 365 Tage lang ohne Pause, zu unser beider Erstaunen, verlässlich durchzogen, ist dieses Buch entstanden: Ein Kaleidoskop geistreicher Ideen vom Karussell des Lebens, ein Kompendium provokanter Pointen und guter Laune. Jeden Morgen schleuderten wir uns statt Social-Media-Kürzeln ein Jahr lang über WhatsApp den Satz des Tages zu: Heiteres, Besinnliches, Gedanken und Wortspielereien bekannter Persönlichkeiten. Aphorismen, Bonmots und zündende Zitate. Es wurde ein Feuerwerk der Pointen.

Gegliedert in einzelne, von Heinz Marecek stimmungsvoll eingeleitete Kapitel. Das erste behandelt Freundschaft. Wir haben unser Buch dem großen Kleinkünstler, subtilen Satiriker und verlässlichen Freund Werner Schneyder gewidmet. Der wusste, was Freundschaft bedeutet: „Wenn dich einer für gutes Schwimmen lobt, nachdem du beim Segeln gekentert bist."

FREUNDSCHAFT*

von Heinz Marecek

Die Freunde, die man um vier Uhr morgens anrufen kann, die zählen.

Marlene Dietrich

Meine Eltern besaßen beide ein ausgeprägtes Talent für Freundschaft. Es gab eine Gruppe von fünf oder sechs Ehepaaren, mit denen das Jahr in einem stets wiederkehrenden Ritual verbracht wurde. Ein Paar hatte einen Schrebergarten am Flötzersteig, wo ab den ersten schönen Frühlingstagen am Wochenende tarockiert wurde. Abends gab es einen Imbiss und Wein, reichlich – warum auch nicht, man war ja mit der Straßenbahn gekommen. Im Sommer ging's an die Alte Donau, im Herbst gab's alle zwei Wochen einen gemeinsamen Heurigen, und alljährlich einen gemeinsamen Besuch im Simpl und bei den „Spitzbuben", regelmäßige Kegelabende, eine Wanderwoche in der Südsteiermark mit abendlicher Buschenschank, und im Winter eine Ski-Woche auf einer Kärntner Selbstversorger-Hütte. Das wiederholte sich Jahr für Jahr. Diese Freundschaften endeten tatsächlich erst mit dem Tod. Da meine Eltern mit Abstand die jüngsten waren, gingen alle Freunde vor ihnen. Das Interessante war, dass nie ein Abgang durch einen Neuzugang ersetzt wurde. „. . . da waren's nur noch vier".

** Alle Einleitungstexte stammen von Heinz Marecek.*

Bis meine Eltern tatsächlich die letzten Überlebenden waren. Mein Bruder und ich beobachteten das alles viele Jahre, und kamen drauf, dass wir die Gabe zur Freundschaft geerbt hatten. Speziell mein Bruder hatte ein Talent für Freundschaft, das das für eine Zweierbeziehung bei Weitem übertraf. Als er – viel zu früh – schwer krank wurde, so schwer, dass er die Wohnung nicht mehr verlassen konnte, bildete sich unter seinen Freunden eine unglaubliche Stafette:
Der erste kam in der Früh mit Gebäck und Zeitungen, der nächste mit einem Mittagessen, das seine Frau extra für meinen Bruder – er war Diabetiker - zubereitet hatte, und einer kam noch am Abend mit einem kalten Imbiss. Tag für Tag. Im Gegensatz zu meinen Eltern war mein Bruder der Erste, der die Freundesrunde verließ – aber bis zum letzten Atemzug eingebettet in diesem wunderbaren, tröstlichen Phänomen: Freundschaft!

Freundschaft, das ist wie Heimat.

Kurt Tucholsky

Ein gewisses Maß an Unkenntnis
vom anderen ist die Voraussetzung dafür,
dass zwei Menschen Freunde bleiben.

Hermann Bahr

Es gibt wenige aufrichtige Freunde –
die Nachfrage ist gering.

Marie von Ebner-Eschenbach

Freunde sind Gottes Entschuldigung
für Verwandte.

George Bernard Shaw

Ein bisschen Freundschaft ist mehr wert
als die Bewunderung der ganzen Welt.

Otto von Bismarck

Von allen Geschenken, die uns das Schicksal
gewährt, gibt es kein größeres Gut als die
Freundschaft - keinen größeren Reichtum,
keine größere Freude.

Epikur von Samos

Freundschaft ist, wenn dich einer für
gutes Schwimmen lobt, nachdem du beim
Segeln gekentert bist.

Werner Schneyder

Wem der große Wurf gelungen,
eines Freundes Freund zu sein ...

Friedrich Schiller

Immer die Wahrheit sagen bringt einem wahrscheinlich nicht viele Freunde, dafür aber die richtigen.

John Lennon

Du weißt,
dass Freundschaft keine Nutz-,
sondern eine Zierpflanze ist.

Alfred Polgar

Man mag Menschen, die der Seele Nahrung zukommen lassen.

Elfriede Hablé

Der beste Weg, einen Freund zu haben,
ist der, selbst einer zu sein.

Ralph Waldo Emerson

Zeichen der Freundschaft:
Wenn ich jemanden auch in Gedanken
mit dem Vornamen anrede.

Peter Handke

Ich wechsle meine Ehemänner,
aber nicht meine Freunde.

Brigitte Bardot

Das Internet ist nicht unbedingt
ein guter Ort, um Freunde zu finden.
Aber ein gutes Hilfsmittel, um die
Freundschaften zu pflegen, die man hat.

Mark Zuckerberg

Es gibt kein
schöneres Geräusch als
das Zähneknirschen
eines Kumpels.

Groucho Marx

Ich wähle meine Freunde
nach ihrem guten Aussehen,
meine Bekannten nach
ihrem Charakter und
meine Feinde nach
ihrem Verstand.

Oscar Wilde

Ein Erfolg enthält immer etwas,
das selbst deinem besten Freund
missfällt.

Oscar Wilde

Es ist noch schwieriger,
Liebe in Freundschaft zu verwandeln,
als umgekehrt.

Romy Schneider

Schenken Sie,
was Sie an Güte besitzen,
drei, vier Menschen, nicht der
„Menschheit“.

Joseph Roth

LIEBE UND BEZIEHUNGEN

„Und doch, welch Glück, geliebt zu werden!
Und lieben, Götter, welch ein Glück!“

Johann Wolfgang von Goethe,
„Willkommen und Abschied“

Über die Liebe zu schreiben sollte eigentlich Dichtern vorbehalten bleiben, die sie in ihrer ganzen transzendentalen Bedeutung erfassen.
Allein, dass die Liebesfähigkeit – wie hier von Goethe beschrieben – vom Glücksgefühl her über das Geschenk des Geliebtwerdens gestellt wird, ist der Beweis für eine erstaunliche Einsicht, die dem Nichtdichter vielleicht ein Leben lang verborgen bleibt. Der Nichtdichter, der seinen Partner reinen Herzens wirklich liebt, ist verloren, wenn Sie ihn fragen, was genau er denn an seinem Partner liebt. Er wird vielleicht ein paar Eigenschaften aufzählen, die aber auch andere Menschen mit seinem Partner teilen, ohne dass er sie deshalb liebt.
Aber den genauen, singulären Grund für seine Liebe zu gerade diesem Menschen präzise beschreiben zu können, wird an seiner Definitionsarmut scheitern. Das ist wahrscheinlich der Grund, dass sich der Volksmund schon vor langer Zeit entschlossen hat, Liebe in einer wesentlich trivialeren Bedeutung zu verwenden: Man „liebt“ Länder, Speisen, eine gewisse Musik, Schauspieler, Farben, Lichtstimmungen usw., und meint mit „lieben“ einfach etwas besonders gernhaben. Das ist zwar nicht mehr

genau das, was mit „lieben“ ursprünglich gemeint war, aber so kann es auch mit gutem Gewissen der gewöhnliche Sterbliche verwenden.

Mit Beziehungen ist das so eine Sache. Weil ja Beziehung keineswegs nur ein erotisches Verhältnis zu einem anderen Menschen beschreibt. Es kann, muss aber nicht.

Man kann zu allem Möglichen eine Beziehung haben. Wir sagen von einem Menschen: „Er hat keine Beziehung zu Geld“, oder „Frostige Beziehungen der USA zu China“. Und selbst wenn „Beziehung“ tatsächlich das erotische Verhältnis zu einem anderen Menschen beschreibt, weiß ich bis heute nicht, wie sie sich von einem „Gspusi“, einem „Pantscherl“ oder dem guten alten „Verhältnis“ unterscheidet. Dabei habe ich an sich eine ganz gute Beziehung zur Sprache.

♥

Ich bin eine wunderbare Haushälterin. Immer wenn ich einen Mann verlasse, behalte ich sein Haus.

Zsa Zsa Gabor

♥

Die meisten Frauen
wählen ihr Nachthemd
mit mehr Verstand
als ihren Mann.

Coco Chanel

Ehe ist gegenseitige
Freiheitsberaubung
in beiderseitigem
Einvernehmen.

Oscar Wilde

Wer die Geheimnisse des Bettes verrät,
verdient die Liebe nicht.

Ingeborg Bachmann

Wenn man liebt, ist man von der Atmosphäre
der Geliebten beschlagen wie eine Fensterscheibe
zwischen Zimmerwärme und Straßenkälte.

Albert Paris Gütersloh

Liebe ist die Antwort, aber während
du auf sie wartest, stellt der Sex ein paar
gute Fragen.

Woody Allen

Es gibt keine vernünftigere Regung
als die Liebe.

Marlen Haushofer

Man hat sich an die Frau gewöhnt,
die sich an sich gewöhnt hat, nur leider
nicht an dich.

Georg Kreisler

Nicht die Vollkommenen sind es,
die Liebe brauchen, sondern die
Unvollkommenen.

Oscar Wilde

Eine Frau, die einen Ehemann sucht,
ist das gewissenloseste aller
Raubtiere.

George Bernard Shaw

Liebe ist: Erfüllung, Last
und Medizin.

Kurt Tucholsky

Jeder Mensch begegnet einmal dem Menschen
seines Lebens, aber nur wenige erkennen ihn
rechtzeitig.

Gina Kaus

Wir wollen bei den Frauen die Ersten sein,
sie bei uns die Letzten.

Arthur Schnitzler

Jahrhunderte katholische Erziehung
haben im italienischen Mann eine enorme,
nie zu stillende Gier nach dem
Weibe ausgelöst.

Federico Fellini

Wenn eine
Frau nicht spricht,
soll man sie auf keinen
Fall unterbrechen.

Clint Eastwood

Hauptursache für unglückliche Ehen ist,
dass die Menschen in dem Gedanken erzogen werden,
die Ehe schenke Glück.

Leo Tolstoi

Die Emanzipation
wäre glaubwürdiger, wenn sie
nicht so oft von Frauen vertreten
würde, die in der Liebe zu
kurz gekommen sind.

Sophia Loren

Man ist glücklich verheiratet,
wenn man lieber heimkommt
als fortgeht.

Heinz Rühmann

Liebe:
Man nimmt einer Frau die Maske
vom Gesicht und stürzt mit dieser davon,
ohne zu schauen, was sie verdeckt hat.

Heimito von Doderer

Ein Mann kann
während einer Ehe zwei oder
vielleicht drei Liebesaffären haben.
Danach beginnt der Betrug.

Yves Montand

In der Liebe kommt es zu dem Paradoxon,
dass zwei Wesen eins werden und trotzdem
zwei bleiben.

Erich Fromm

Die Ehe ist ein Spielplan mit gleichbleibendem Repertoire. Folglich sollte man wenigstens die Inszenierung ändern.

Federico Fellini

Die Männer haben keine Geduld. Darum haben sie auch den Reißverschluss erfunden.

Senta Berger

Prostitution ist nur eine Fata Morgana des Sexuellen für Wanderer in der Wüste der Entbehrung.

Heimito von Doderer

Die Liebe mit der Sexualität zu verbinden, war einer der bizarrsten Einfälle des Schöpfers.

Milan Kundera

Die Sorgfalt, mit der
wir die Frauen anlügen,
ist ein Kompliment
für sie.

Vittorio Gassman

Die glücklichste Ehe wäre die Verbindung
zwischen einem tauben Mann und einer
blinden Frau.

Rowan Atkinson

Der gute Ruf einer Frau
beruht auf dem Schweigen
mehrerer Männer.

Maurice Chevalier

Neben der Liebe auf den ersten Blick gibt es
auch die Liebe auf die erste Berührung.
Und die geht vielleicht noch tiefer.

Vladimir Nabokov

Ein kluger Mann
widerspricht nie seiner Frau.
Er wartet, bis sie es selbst tut.

Humphrey Bogart

Denn die Ehe,
das ist die größte Falle.

Simone de Beauvoir

Frauen sind das stärkere Geschlecht.
Wie könnten sie sonst die vielen
Einkaufstüten tragen?

Tom Hanks

Das Bewusstsein, du musst jetzt all'weil verheirat't sein, schon das bringt einen um.

Johann Nestroy

Manche Männer versuchen lebenslang das Wesen einer Frau zu verstehen. Andere befassen sich mit weniger schwierigen Dingen, wie z. B. der Relativitätstheorie.

Albert Einstein

Man kann nur mit der ersten Frau oder mit der letzten glücklich werden.

Robert Menasse

Am liebsten erinnern sich die
Frauen an die Männer,
mit denen sie lachen konnten.

Anton Tschechow

Es gehört
viel Mut und Kraft dazu,
einen Mann von sich abhängig
zu machen. Aber es zahlt
sich fast immer aus.

Katharina II.

Im Ehestand muss man sich
manchmal streiten, denn dadurch
erfährt man was voneinander.

Johann Wolfgang von Goethe

Ich habe keinen Mann so gehasst, dass ich ihm seine Diamanten zurückgegeben hätte.

Zsa Zsa Gabor

Die Ehe funktioniert am besten, wenn beide Partner ein bisschen unverheiratet bleiben.

Claudia Cardinale

Zu einer glücklichen Ehe gehören meist mehr als zwei Personen.

Oscar Wilde

Ich bin zufrieden, wenn meine nächste Ehe die Haltbarkeit von Joghurt überdauert.

Elizabeth Taylor

Kein kluger Mann diskutiert
mit einer Frau, die müde oder
ausgeruht ist.

Maurice Chevalier

In Liebesdingen ist der Liebhaber der Künstler,
der Ehemann der Handwerker.

Georges Feydeau

Viele Frauen wissen nicht, was sie
wollen, aber sie sind fest entschlossen,
es zu bekommen.

Peter Ustinov

Die Ehe ist doch eine Institution zur
Lähmung des Geschlechtstriebes, also
eine christliche Einrichtung.

Gottfried Benn

Viele, von denen man glaubt,
sie seien gestorben, sind bloß
verheiratet.

Françoise Sagan

Es gehört Erfahrung dazu,
wie eine Anfängerin
zu küssen.

Zsa Zsa Gabor

Ein Ehemann ist Rohstoff,
kein Fertigprodukt.

Grete Weiser

Männer wünschen
sich eine Frau, mit der
man Pferde stehlen kann.
Frauen wünschen sich einen Mann,
mit dem man ein Auto
kaufen kann.

Anna Magnani

Da alles
in unserem Kopf ist,
sollten wir ihn besser nicht
verlieren.

Coco Chanel

Der liebe Gott war Junggeselle.
Man kann daher wohl mit Recht vermuten,
dass seine die Ehe betreffenden Gebote mehr
theoretischer als praktischer Natur waren.

Peter Ustinov

♥

Ich weiß
nichts über Sex,
weil ich immer
verheiratet war.

Zsa Zsa Gabor

♥

Frauen heiraten, weil sie
neugierig sind; Männer, weil sie müde sind.
Beide werden enttäuscht.

Oscar Wilde

♥

Viele Frauen
sind auf ihren guten Ruf bedacht,
aber die anderen werden
glücklich.

Josephine Baker

Ein Flirt ohne tiefere Absicht ist
ungefähr so sinnvoll wie ein Fahrplan
ohne Eisenbahn.

Marcello Mastroianni

Alle Frauen werden wie ihre Mütter,
das ist ihre Tragödie.
Kein Mann wird wie seine Mutter,
das ist seine Tragödie.

Oscar Wilde

Die Frau ist das Kamel,
das uns hilft,
die Wüste des Lebens
zu durchqueren.

David Ben-Gurion

Ach, wenn du erfahren wolltest,
wie ich dich liebe, so müsstest du mir
eine neue Sprache schenken.

Friedrich Schiller

Die Liebe ist so
unproblematisch wie ein Fahrzeug.
Problematisch sind nur die Lenker,
die Fahrgäste und die Straße.

Franz Kafka

Die Phantasie des Mannes
ist die beste Waffe der Frau.

Sophia Loren

Fräulein, ein Wort!
Ein einziges Wort, und ich werde der
glücklichste Mensch der Welt sein.
Idiot.

Gerhard Rühm

Frauen mit Vergangenheit
und Männer mit Zukunft
ergeben keine schlechte
Mischung.

Jean Cocteau

Es ist der Traum
jeder Frau, der Traum
eines Mannes
zu sein.

Barbra Streisand

An Rheumatismus
und an wahre Liebe glaubt man erst,
wenn man davon
befallen ist.

Marie von-Ebner-Eschenbach

Ein herrlicher Schwärmer, der seiner Geliebten
den Antrag macht, sich zu töten, wenn er keine
Aussicht mehr hat, sie zu ernähren.

Johann Nestroy

Von einer Frau kann man alles erfahren,
wenn man keine Fragen stellt.

William Somerset Maugham

Alle Männer sind gleich – bis auf den,
den man gerade kennengelernt hat.

Mae West

Die zweite Ehe ist der Triumph
der Hoffnung über die Erfahrung.

Samuel Johnson

Ich glaube, das Wichtigste,
was eine Frau haben kann, ist – abgesehen von
Talent natürlich – ihren Friseur.

Joan Crawford

Mit den dritten Zähnen beißen die Männer am leichtesten an.

Zsa Zsa Gabor

Wenn man verliebt ist, betrügt man anfangs sich selbst. Und man endet damit, andere zu betrügen.

Oscar Wilde

In der Ehe muss man einen unaufhörlichen Kampf gegen ein Ungeheuer führen, das alles verschlingt: die Gewohnheit.

Honoré de Balzac

♥

Das Schlimme am Leben ist,
dass es so viele schöne Frauen gibt,
und so verdammt wenig Zeit.

John Barrymore

♥

Schauspielerinnen
sind ideale Ehefrauen, sie machen
ihre Szenen auf
der Bühne.

Bernhard Wicki

♥

Bei den Frauen gibt es zwei Möglichkeiten:
Entweder sind sie Engel - oder
sie leben noch.

Charles Baudelaire

Liebe macht blind,
aber nicht taub.
Daran ist schon manche
hoffnungsvolle Beziehung
gescheitert.

George Bernard Shaw

Die Augen der Frau
sollen nicht ihre, sondern meine
Gedanken spiegeln.

Karl Kraus

Dass zwei Erwachsene
zusammenleben können, ist eines der
größten Wunder; in den meisten Fällen
können sie es wirklich nicht,
was nur dadurch verdeckt wird, dass sie
auch nicht auseinander können.

Ludwig Marcuse

Wenn man schöne Beine behalten will, muss man sie von den Blicken der Männer massieren lassen.

Marlene Dietrich

Es gibt kein unglücklicheres Wesen unter der Sonne als einen Fetischisten, der sich nach einem Frauenschuh sehnt und mit einem ganzen Weib vorliebnehmen muss.

Karl Kraus

Erotik und Intelligenz müssen nicht unbedingt Feinde sein.

Hildegard Knef

Ich bin für die Beibehaltung
des Handkusses. Irgendwo muss man
ja schließlich anfangen.

Sascha Guitry

Ein Mädchen, das einen Soldaten
heiratet, beweist Klugheit:
Ein Soldat kann kochen und nähen,
ist von kräftiger Gesundheit
und auch gewohnt,
zu gehorchen.

Charles de Gaulle

Ein Mann ist alt, wenn er seine Komplimente
nicht mehr in die Tat umsetzen kann.

Charles Boyer

ERFOLG UND GELD

Interessant, dass wir in einer Gesellschaft leben, wo das eine (das Geld) als Gradmesser für das andere (Erfolg) dient. Wenn ein Mensch die Relativitätstheorie versteht, den *Faust* auswendig kann, ein Dutzend Fremdsprachen spricht, und genau weiß, welches Bild von welchem Maler wo im Kunsthistorischen Museum hängt, aber abends mit der Straßenbahn in seine Zweizimmerwohnung in der Vorstadt fährt, wird er in den Augen der Gesellschaft nicht gerade das sein, was man unter einem Erfolgsmenschen versteht. Man wird seine Qualitäten erkennen, ihn sogar respektieren, aber eher bedauernd finden: „Schade, dass der nicht mehr aus sich gemacht hat." Weil unsere Gesellschaft – warum auch immer – das Prädikat „Erfolg" mit gewissen erkennbaren materiellen Attributen verbindet. Sei es die Villa, die Luxuslimousine, die Yacht, oder der Privatjet. Irgendwie sucht „gescheit" immer noch seinen Platz in der „Reich und schön"-Gesellschaft. In unserer westeuropäischen oder amerikanischen zumindest. In der noch viel mehr.

Sicher gibt es irgendwo im Fernen Osten auch eine Gesellschaft, wo in den Bibliotheken mehr Menschen sitzen als im Kosmetiksalon oder im Fitness-Studio. Und in der Wertskala dieser Gesellschaft Wissen und Bildung die obersten Sprossen der Erfolgsleiter bilden.
Geld spielt dort keine Rolle, weil es ohnehin kaum jemand hat, und wenn, wird es nicht für Armbanduhren im Hunderttausend-Euro-Bereich verwendet, oder zum Kauf von obszön teuren Maßanzügen, oder -schuhen, um damit Erfolg zu zeigen.

Doch weil wir von „Erfolg" reden, kann ich nicht umhin, eine ganz persönliche Bitte auszusprechen: Unter all den wunderbaren Büchern von Lion Feuchtwanger gibt es eines, das ich, ohne zu zögern, auf Platz Eins setzen würde! Den Roman *Erfolg. Drei Jahre Geschichte einer Provinz*, geschrieben 1930. Er entwirft mit geradezu gespenstisch-prophetischer Begabung die politische und soziale Entwicklung der nächsten Jahre in Deutschland. Wenn Sie es noch nicht gelesen haben, bitte tun Sie es! Ich selbst konnte es kaum aus der Hand legen, als ich einmal angefangen hatte, es zu lesen. Wenn es Ihnen nicht gefällt, bitte ich herzlichst um Entschuldigung. Aber wenn es Ihnen gefällt – was ich viel eher glaube – schreiben Sie mir einfach zwei Zeilen. Ich würde mich aufrichtig freuen!

Ein zufriedener Straßenkehrer
ist mehr wert als ein neurotischer
Professor.

Eugene O'Neill

Als ich jung war, glaubte ich, Geld sei das Wichtigste im Leben. Heute, da ich alt bin, weiß ich: Es stimmt.

Oscar Wilde

Erfolg ist so ziemlich das Letzte, was einem vergeben wird.

Truman Capote

Um es im Leben zu etwas zu bringen, muss man früh aufstehen, bis in die Nacht arbeiten – und Öl finden.

Jean Paul Getty

Die Schönheit des Mannes ist der Erfolg.

Erich Kästner

Ein Genie macht keine Fehler.
Seine Irrtümer sind Tore zu neuen
Entdeckungen.

James Joyce

Einkommen und Vermögen
sind keine Schande, höchstens die Art,
wie sie zustande kommen.

Bruno Kreisky

Wer sich an sein Prestige klammert,
hat keines.

Jean Giono

Der Erfolg besteht in der Kunst,
das für sich zu behalten, was man
nicht weiß.

Peter Ustinov

Es kommt nicht darauf an,
was cincr mitbringt, sondern was er
daraus macht.

Alfred Adler

Nur wer seinen eigenen Weg geht,
kann von niemandem überholt
werden.

Marlon Brando

Das Leben ist gefährlicher als Boxen.
Da gibt's keinen Ringrichter.

Hans Orsolic

Wenn ein Mensch behauptet,
mit Geld lasse sich alles erreichen,
darf man sicher sein, dass er
nie welches gehabt hat.

Aristoteles Onassis

Wenn ich die Menschen gefragt hätte, was
sie wollen, hätten sie gesagt,
schnellere Pferde.

Henry Ford

Mein Arzt gab mir sechs Monate
zu leben, aber als ich die Rechnung
nicht bezahlen konnte,
gab er mir sechs Monate mehr.

Walter Matthau

Karriere ist etwas Herrliches,
aber man kann sich nicht in einer
kalten Nacht daran wärmen.

Marilyn Monroe

Holzhacken
ist deshalb so beliebt,
weil man bei dieser
Tätigkeit sofort den
Erfolg sieht.

Albert Einstein

Wanderer, es gibt keinen Weg,
der Weg entsteht beim Gehen.

Antonio Machado

Nur Leute, die ihre Rechnungen bezahlen, brauchen Geld und ich bezahle meine nie.

Oscar Wilde

Wenn man bewusst acht Stunden täglich arbeitet, kann man es dazu bringen, Chef zu werden – und 14 Stunden täglich arbeiten.

Robert Frost

Ich war arm, und ich war reich. Reich sein ist besser!

Beatrice Kaufmann

Was wäre das Leben, hätten wir
nicht den Mut, etwas zu riskieren.

Vincent van Gogh

Das wäre ja noch schöner,
wenn die Reichen nicht nur reich wären,
sondern auch was davon hätten,
dass sie‘s sind!

Alfred Polgar

Erfahrung ist der Name,
den jeder seinen Fehlern gibt.

Oscar Wilde

Ich kann nichts im Leben –
aber alles auf der Leinwand.

Romy Schneider

Wer viel Geld hat,
kann spekulieren.
Wer wenig Geld hat,
darf nicht spekulieren.
Wer kein Geld hat,
muss spekulieren.

André Kostolany

Denken ist die schwerste Arbeit, die es gibt.
Das ist wahrscheinlich auch der Grund,
warum sich so wenige Leute
damit beschäftigen.

Henry Ford

Ich habe viel Geld für Alkohol,
Frauen und schnelle Autos ausgegeben.
Den Rest habe ich einfach verprasst.

George Best

Ich glaube
an den Dollar.
Alles, was ich verdiene,
gebe ich aus.

Joan Crawford

Deine ersten 10 000 Fotos sind deine schlechtesten.

Henri Cartier-Bresson

Leben ist das, was passiert, während du fleißig dabei bist, andere Pläne zu schmieden.

John Lennon

Ruhm bringt immer Einsamkeit. Erfolg ist so eiskalt und einsam wie der Nordpol.

Vicki Baum

Ein Arzt kann seine Missgriffe beerdigen, ein Architekt aber kann seinem Kunden nur den Rat geben, Efeu zu pflanzen.

Frank Lloyd Wright

Bankraub: eine Initiative von Dilettanten.
Wahre Profis gründen eine Bank.

Bert Brecht

Wer immer tut, was er schon kann,
bleibt immer das, was er schon ist.

Henry Ford

Schade, dass die meisten sofort aufhören zu rudern, wenn sie ans Ruder gekommen sind.

Alfred Polgar

Der Arbeiter soll seine Pflicht tun;
der Arbeitgeber soll mehr tun
als seine Pflicht.

Marie von Ebner-Eschenbach

Wer alle
seine Ziele erreicht,
hat sie wahrscheinlich
zu niedrig gewählt.

Herbert von Karajan

Wenn man
kein Geld hat,
denkt man immer an Geld.
Wenn man Geld hat,
denkt man nur noch
an Geld.

Paul Getty

Es ist nett, wichtig zu sein.
Aber noch wichtiger ist es,
nett zu sein.

Roger Federer

Das Leben ist ein Spiel,
und mit Geld kann man den
Punktestand immer wieder
ausgleichen.

Ted Turner

Wer zu früh Erfolg hat, fängt an,
sich selbst zu kopieren.

Friedensreich Hundertwasser

Nichts beschleunigt die Genesung so
sehr wie regemäßige Arztrechnungen.

Alec Guinness

Jeder wäre gern Cary Grant. Sogar ich
wäre gern Cary Grant.

Cary Grant

Menschen, die immer daran denken,
was andere von ihnen halten, wären sehr
überrascht, wenn sie wüssten, wie wenig die
anderen über sie nachdenken.

Bertrand Russell

Die Asiaten haben den Weltmarkt
mit unlauteren Methoden erobert –
sie arbeiten während
der Arbeitszeit.

Ephraim Kishon

Den Charakter eines Menschen
erkennt man erst dann, wenn er
Vorgesetzter geworden ist.

Erich Maria Remarque

Was bedeutet schon Geld?
Ein Mensch ist erfolgreich, wenn er zwischen
Aufstehen und Schlafengehen das tut,
was ihm gefällt.

Bob Dylan

Geizhälse sind
unangenehme Zeitgenossen,
aber angenehme
Vorfahren.

Victor de Kowa

Sinn des Lebens:
etwas, das keiner genau weiß.
Jedenfalls hat es wenig Sinn,
der reichste Mann auf dem
Friedhof zu sein.

Peter Ustinov

Das Leben ist wie der Eiskunstlauf:
Es besteht aus Pflicht und Kür, oft fällt die
Entscheidung in der Kür.

Gustav Knuth

Auf die Arbeit
schimpft man nur so lange,
bis man keine mehr hat.

Sinclair Lewis

Mit Vegetariern muss man diskutieren,
sobald sie eine Wurstfabrik geerbt haben.

Danny Kaye

MACHT UND POLITIK

Ein sofort einschüchterndes Wortpaar! Weil man weiß, was Politik mit Macht alles anstellen kann. Wobei Politik natürlich Macht braucht. Was nützen der Legislative ihre schönsten Gesetze, wenn sie keine Exekutive hat, die deren Einhaltung beobachtet und im Bedarfsfall auch einschreiten kann. Aber Politik darf nicht mehr Macht haben, als ihr die vorhandenen Gesetze einräumen. Und es ist mehr als bedenklich, wenn ein österreichischer Politiker im Fernsehen wirklich den Satz aussprechen darf: „Das Recht hat der Politik zu folgen, und nicht die Politik dem Recht", ohne sich am nächsten Tag beim AMS anstellen zu müssen, weil er auf und davon gejagt wurde. Überall dort, wo es der Politik, oder einzelnen Politikern gelungen ist, sich mehr Macht zu verschaffen, als eigentlich für sie vorgesehen war, sind die Folgen katastrophal! Es ist kein Zufall, dass gerade jetzt in den beiden Ländern, wo die zwei größten Soziopathen am Ruder sind, USA und Brasilien, die meisten Corona-Opfer zu beklagen sind. Un- bis Halbgebildete mit Allmachtsphantasien treffen im selbstherrlichen Alleingang Entscheidungen, die falsch sind! Fatal falsch!

Aber auch Politiker wie Erdogan oder Orbán geben Anlass zur Sorge, weil sie schlicht und einfach versuchen, ihren Machtbereich mit Ellbogentechnik zu erweitern. Das wirklich Alarmierende ist aber, dass eine unerschütterliche Nachkriegs-Gläubigkeit an die Demokratie als beste aller Staatsformen immer mehr verwässert wird.

Es häuft sich die Zahl der Menschen, die aus Frustration oder Existenzangst eine „gute" Diktatur einer „schlechten" Demokratie vorziehen. Sie übersehen nur, dass es die „gute" Diktatur genauso wenig gibt wie die „gsunde" Watschen! Denn wenn sie einmal an der Macht ist, wird dem Wähler die Kontrolle über die ihr zustehende Macht immer mehr genommen, bis er sie schließlich zu Gänze verloren hat! Und dann besitzt die Politik endlich jene Macht, die einem die kalten Schauer über den Rücken jagt.
Aber dann ist es zu spät!

Wir dürfen nicht aufhören, ständig zu beobachten und bei Übertretungen allcr Art laute Warnrufe auszustoßen!
„Wehret den Anfängen!"

★

In der Politik ist es wie im täglichen Leben: Man kann eine Krankheit nicht dadurch heilen, dass man das Fieberthermometer versteckt.

Yves Montand

Willst du den Charakter
eines Menschen erkennen,
so gib ihm Macht.

Abraham Lincoln

Wer andere zum Lachen bringen kann,
muss ernst genommen werden; das wissen
alle Machthaber.

Werner Finck

Bei der Fischsuppe und der
Politik sollte man nicht zusehen,
wie sie gemacht wird.

Henri Tisot

Wenn es morgens um sechs an meiner
Tür klingelt, und ich kann sicher sein, dass es der
Milchmann ist, dann weiß ich, dass ich in
einer Demokratie lebe.

Winston Churchill

Ändere die Welt: Sie braucht es.

Bertolt Brecht

Wenn die Macht der Liebe über die
Liebe zur Macht siegt, wird Friede auf
der Welt sein.

Jimi Hendrix

Wir müssen entweder lernen,
als Brüder miteinander zu leben, oder als
Narren miteinander unterzugehen.

Martin Luther King

Demokratie ist ein Verfahren,
das garantiert, dass wir nicht besser
regiert werden, als wir
es verdienen.

George Bernard Shaw

Ideen brauchen keine Waffen, wenn sie die
großen Massen überzeugen können.

Fidel Castro

Bevor man die Welt verändert, wäre es vielleicht
doch wichtiger, sie nicht zugrunde zu richten.

Paul Claudel

Die Geschichte ist der beste Lehrer mit
den unaufmerksamsten Schülern.

Winston Churchill

Der ganze Kampf der Menschheit spielt sich zwischen denen ab, die etwas sein, und denen, die etwas gelten wollen.

Anton Kuh

Wer sich den Gesetzen nicht fügen will, muss die Gegend verlassen, in der sie gelten.

Johann Wolfgang von Goethe

Ich weiß nicht, was die Leute gegen die Regierung haben. Sie hat überhaupt nichts getan.

Bob Hope

★

Nichts ist im Menschen, auch im scheinbar aufgeklärtesten, tiefer verwurzelt als der Glaube an irgendwelche Autoritäten.

Egon Friedell

★

Das Gefährlichste an einer Partei, die an der Regierung ist, ist Selbstgefälligkeit.

Bruno Kreisky

★

Im Namen der Toleranz sollten wir uns das Recht vorbehalten, die Intoleranz nicht zu tolerieren.

Karl Popper

★

Demokratie ist keine Frage der Zweckmäßigkeit, sondern der Sittlichkeit.

Winston Churchill

Mikrofone sind das einzige, das sich
Politiker gerne vorhalten lassen.

Frank Elstner

Leistet viel Widerstand und wenig Gehorsam!

Walt Whitman

Es gibt drei Dinge, die sich
nicht vereinen lassen:
Intelligenz, Anständigkeit
und Nationalsozialismus!
Man kann intelligent und Nazi sein.
Dann ist man nicht anständig.
Man kann anständig und Nazi sein.
Dann ist man nicht intelligent.
Und man kann anständig und
intelligent sein.
Dann ist man kein Nazi!

Gerhard Bronner

Was ist der Unterschied
zwischen einem Nazi und einem Hund?
Der Nazi hebt den Arm.

Victor Borge

Ein Konservativer ist ein Mensch
mit zwei völlig gesunden Beinen, der nie gehen
gelernt hat.

Franklin D. Roosevelt

Der Präsident des Iran sollte sich in
Erinnerung rufen, dass auch der Iran aus-
gelöscht werden könnte.

Shimon Peres

Wir gehen mit dieser Welt um, als hätten
wir noch eine zweite im Kofferraum.

Jane Fonda

Der Gescheitere gibt nach!
Eine traurige Wahrheit, sie begründet
die Weltherrschaft der Dummheit.

Marie von Ebner-Eschenbach

Man soll und darf die Vergangenheit nicht
„auf sich beruhen lassen“, weil sie sonst auferstehen
und zu neuer Gegenwärtigkeit werden könnte.

Jean Amery

Man hat im Leben die Wahl,
entweder mit der Masse mitzulaufen
oder vor ihr davonzulaufen.

Ingrid Bergman

Man kann sich immer darauf verlassen,
dass die Amerikaner das Richtige tun,
nachdem sie alles andere ausprobiert haben.

Winston Churchill

Was immer auch geschieht:
Nie sollt ihr so tief sinken, von dem
Kakao, durch den man euch zieht,
auch noch zu trinken.

Erich Kästner

Die Menschheit muss dem Krieg ein Ende setzen,
oder der Krieg setzt der Menschheit ein Ende.

John F. Kennedy

Wenn 50 Millionen Menschen
etwas Dummes sagen, bleibt es trotzdem
eine Dummheit.

Anatole France

Die glücklichen Sklaven sind die
erbittertsten Feinde der Freiheit.

Marie von Ebner-Eschenbach

Eine zynische, käufliche, demagogische Presse wird mit der Zeit ein Volk erzeugen, das genauso niederträchtig ist, wie sie selbst.

Joseph Pulitzer

Moses schleppte uns 40 Jahre durch die Wüste, um uns an den einzigen Ort im Nahen Osten zu bringen, an dem es kein Öl gibt.

Golda Meir

Die Revolutionäre machen nicht die Revolution! Die Revolutionäre sind diejenigen, die wissen, wann die Macht auf der Straße liegt, und wann sie sie aufheben können!

Hannah Arendt

Man kann alle Leute einige Zeit zum Narren halten und einige Leute die ganze Zeit – aber alle Leute die ganze Zeit zum Narren halten, das kann man nicht.

Abraham Lincoln

Unser größter Ruhm ist nicht, niemals zu fallen, sondern jedes Mal wieder aufzustehen.

Nelson Mandela

Ich halte jeden Menschen für voll berechtigt, auf die – von den Ingenieursgesichtern und Betriebswissenschaftlern herbeigeführte – derzeitige Beschaffenheit unserer Welt mit schwerstem Alkoholismus zu reagieren.

Heimito von Doderer

★

Wer mich beleidigt, entscheide ich.

Klaus Kinski

★

Die Welt hat genug für jedermanns Bedürfnisse, aber nicht für jedermanns Gier.

Mahatma Gandhi

★

Die Berühmtheit mancher Zeitgenossen hängt unmittelbar mit der Blödheit ihrer Bewunderer zusammen.

Heiner Geissler

★

Jeder Altenpfleger leistet mehr für die Gesellschaft als alle Investmentbanker zusammen.

Sarah Wagenknecht

Wenn einer mit
Vergnügen zu einer Musik in
Reih und Glied marschieren kann,
dann verachte ich ihn schon;
er hat sein großes Gehirn nur
aus Irrtum bekommen,
da für ihn das Rückenmark
schon völlig genügen
würde.

Albert Einstein

Jede Revolution
ist viel weniger Bauplatz der
Zukunft als Auktion der
Vergangenheit.

Heimito von Doderer

Nur schwache Herrscher
füllen die Gefängnisse mit denen,
die anderer Meinung sind.

Anwar el-Sadat

Die Rache der Geschichte
an jungen Revolutionären
besteht darin, dass sie in späteren
Jahren mit Frack und Orden
zum Opernball gehen
müssen.

Bruno Kreisky

Beziehungen sind eine
Rutschbahn nach oben.

Karl Farkas

Wir leben auf Kosten der Dritten Welt
und wundern uns,
wenn das Elend anklopft.

Gregor Gysi

Zu sagen was ist, bleibt die
revolutionärste Tat.

Bob Hope

Wir leben in einem gefährlichen Zeitalter.
Der Mensch beherrscht die Natur, bevor er gelernt
hat, sich selbst zu beherrschen.

Albert Schweitzer

Die Studenten sind die Fieberthermometer
der Gesellschaft.

Alberto Moravia

★

Amerika – die Entwicklung von
der Barbarei zur Dekadenz
ohne Umweg über die Kultur.

Georges Clemenceau

★

Wer vor der Vergangenheit
die Augen verschließt,
wird am Ende blind für
die Gegenwart.

Richard von Weizäcker

★

Es gibt nur eins, was auf Dauer teurer
ist als Bildung: keine Bildung

John F. Kennedy

GLÜCK

Die deutsche Sprache genießt zwar den Ruf, besonders präzise zu sein, aber wenn es um Glück geht, sind uns die Engländer überlegen. Sie unterscheiden nämlich ganz eindeutig zwischen einem Glück, das man beim Spiel haben kann, dann ist man „lucky", und dem Glück, das einem durch andere Menschen zuteilwird, und den Zustand in uns auslöst, den sie „happy" nennen. Das Glück – im Sinne von „luck" – spielt in unserem Beruf eine gar nicht hoch genug einzuschätzende Rolle. Natürlich sind Talent, Fleiß, Disziplin äußerst hilfreiche Eigenschaften, aber es wäre vermessen zu glauben, dass es eine Karriere ohne Glück gibt. Und dieses Glück tritt in vielerlei Gestalten auf: eine seelisch robuste Konstitution zu besitzen, die einen Rückschläge und Misserfolge, die ja nie ausbleiben, relativ unbeschädigt überstehen lässt – Glück! Genau zu der Zeit an dem Ort zu sein, wo die Rolle vergeben wird, die der Grundstein für eine Karriere wird – Glück! Eine Rolle zu kriegen, weil der, der sie eigentlich spielen hätte sollen, krank geworden ist – Glück! Glück, wo man hinsieht! Es zieht sich wie ein rotes Band durch unser Leben und unsere Karriere. Und ich glaube, es gibt keinen ernstzunehmenden Schauspieler, der sich dessen nicht ständig bewusst wäre.

Wobei dieses Glück – eben „luck" – keineswegs eine Garantie für „happy" ist! Es gibt Schauspieler, die mit unglaublichem Erfolg im Beruf tätig sind, alles was sie angreifen, gelingt, wird mit Beifall überschüttet, sie taumeln von einem Erfolg in den nächsten – aber es stellt sich nie dieses ruhige, sanfte, entspannte Glücksgefühl ein, das der Engländer „happy" nennen würde.

Es gibt aber auch den besonderen Fall, wo „luck“ die Voraussetzung für „happy“ ist!
Dass wir unter allen Menschen genau den finden, mit dem wir unser Leben verbringen wollen – „luck“!
Aber wenn wir ihn gefunden haben, sollten wir alles tun, um ein flüchtiges „luck“ in ein beständiges „happy“ zu verwandeln.

Das Glück kennt nur Minuten –
der Rest ist Warteraum.

Hildegard Knef

Ein Schauspieler ist ein Mensch,
dem es gelungen ist, die Kindheit
in die Tasche zu stecken und sie dort bis
zu seinem Lebensende
aufzubewahren.

Max Reinhardt

Mit einem kurzen Schweifwedeln
kann ein Hund mehr Gefühle
ausdrücken als mancher Mensch mit
stundenlangem Gerede.

Luis Armstrong

Ich bin besonders glücklich,
wenn das Glück unvollkommen ist.
Vollkommenheit hat keinen
Charakter.

Peter Ustinov

Bildung kann einen
sehr glücklich und gelassen
machen.

Günther Jauch

Ein Optimist ist ein Mann,
der Kreuzworträtsel sofort mit dem
Kugelschreiber ausfüllt.

Karl Farkas

Wir streben mehr danach,
Schmerz zu vermeiden,
als Freude zu gewinnen.

Sigmund Freud

Lachen ist für die Seele dasselbe
wie Sauerstoff für die Lungen.

Louis de Funès

Man weiß selten, was Glück ist,
aber man weiß meistens,
was Glück war.

Françoise Sagan

An den Scheidewegen des Lebens
stehen keine Wegweiser.

Charlie Chaplin

Scherben bringen Glück –
aber nur dem Archäologen.

Werner Finck

Wenn die Seele bereit ist,
sind es die Dinge auch.

William Shakespeare

Glück ist Liebe, nichts anderes.
Wer lieben kann, ist glücklich.

Hermann Hesse

Wer zu lesen versteht,
besitzt den Schlüssel zu großen Taten,
zu unerträumten Möglichkeiten.

Aldous Huxley

Der Optimist erklärt, dass wir in
der besten aller möglichen Welten leben,
und der Pessimist fürchtet,
dass dies wahr ist.

James Branch Cabell

Meine Definition von Glück?
Keine Termine und leicht einen sitzen.

Harald Juhnke

Halte dir jeden Tag 30 Minuten für
deine Sorgen frei, und in dieser Zeit
mache ein Nickerchen.

Abraham Lincoln

Wir sind nicht nur verantwortlich
für das, was wir tun, sondern auch für das,
was wir nicht tun.

Moliére

Alles, was individuell ist,
ist fast schon skandalös.

Simone de Beauvoir

Geld allein macht nicht unglücklich.

Peter Falk

Ich bin euer
Märchen.
Euer Traum.
Eure Wünsche und
Sehnsüchte, und ich bin
euer Durst
und euer Hunger
und euer Essen
und Trinken.

Klaus Kinski

Das Glück ist keine Dauerwurst,
von der man sich täglich eine Scheibe
herunterschneiden kann.

Erich Kästner

Phantasie haben heißt nicht,
sich etwas auszudenken.
Es heißt, sich aus den Dingen
etwas zu machen.

Thomas Mann

Es ist nicht zu wenig Zeit,
die wir haben, sondern es ist zu
viel Zeit, die wir nicht nutzen.

Lucius Annaeus Seneca

Das Weinen
ist dem Menschen
angeboren, aber das
Lachen
will gelernt sein.

Max Pallenberg

Drei Dinge helfen,
die Mühseligkeiten des
Lebens zu ertragen:
die Hoffnung,
der Schlaf und das
Lachen.

Immanuel Kant

Um ernst zu sein, genügt Dummheit, während zur Heiterkeit ein großer Verstand unerlässlich ist.

William Shakespeare

Jeder Mensch macht Fehler.
Das Kunststück liegt aber darin,
sie dann zu machen,
wenn keiner zuschaut.

Peter Ustinov

Ein Komiker ist ein Mensch,
der nichts, aber auch
gar nichts ernst nimmt –
außer sich selbst.

Danny Kaye

Phantasie ist wichtiger als Wissen.
Wissen ist begrenzt, Phantasie aber
umfasst die ganze Welt.

Albert Einstein

Wer glücklich ist,
sollte nicht noch glücklicher
sein wollen.

Theodor Fontane

Es gibt ernsthafte Dinge des Lebens,
die wir von Scharlatanen und Gaunern
lernen können,
es gibt philosophische Einsichten,
die uns Narren verschaffen.

Fernando Pessoa

Den Frieden kann man weder in der Arbeit noch im Vergnügen, weder in der Welt noch in einem Kloster, sondern nur in der eigenen Seele finden.

William Somerset Maugham

Die Sehnsucht ist es, die unsere Seele nährt, und nicht die Erfüllung.

Arthur Schnitzler

Wir machen immer einen Fehler: Wir investieren Gefühle, statt sie zu verschenken.

Werner Schneyder

Seien wir ehrlich: Das Leben ist immer lebensgefährlich.

Erich Kästner

Um sich auf die Suche nach der Wahrheit begeben zu können, muss man trunken von der Phantasie sein.

Leonard Bernstein

Wir sind alle potenzielle Romanfiguren – mit dem Unterschied, dass sich Romanfiguren wirklich ausleben.

Georges Simenon

Was die Wüste schön macht ist, dass sie irgendwo einen Brunnen birgt.

Antoine de Saint-Exupéry

„Machen Sie sich frei", sagt das Leben.
„Ganz?", fragt der Mensch.
„Ganz", sagt das Leben.

Werner Schwab

Der Sensible muss verbrennen, dieser zarte Nachtfalter.

Elfriede Jelinek

Wenn der liebe Gott
sich im Himmel langweilt,
dann öffnet er die Fenster
und betrachtet die
Boulevards von Paris.

Heinrich Heine

Was ist Geist?
Die Luftlinie vom Gehirn
zur Sache.

Anton Kuh

Schauspielerei ist eine
masochistische Form des Exhibitionismus.
Sie ist nicht wirklich als Beruf eines
Erwachsenen anzusehen.

Laurence Olivier

Wenn du einen Garten hast und
eine Bibliothek, so wird es dir an
nichts fehlen.

Cicero

Keinen Drachen kann man so hoch steigen
lassen wie den der Fantasie.

Lauren Bacall

GENUSS

Es gibt eine lange Liste von Dingen, die Michael Horowitz und mich verbinden. Die Freude am Genuss ist nicht in der unteren Hälfte dieser Liste zu finden. In den fast 50 Jahren unserer Freundschaft gab es immer wieder gemeinsame Pilgerreisen zu unseren Lieblingsbeisln. (Wir haben sogar ein Buch darüber geschrieben.) Beisln, wohlgemerkt! Wir waren nie Sterne- oder Haubenanbeter. Aber wir fuhren von Döbling nach Lainz, weil der Wirt dort – den es leider nicht mehr gibt – die besten Petersil-Erdäpfel mit Butter machte. Unsere letzte Entdeckung an der Beisl-Front macht die besten Powidtatschkerln von ganz Wien, der Beisl-Klassiker in der Wiedner Hauptstraße macht das beste Altwiener Backfleisch. Die Buchteln mit Vanillesauce unserer Freundin in Tulln sind unerreicht, und der Heringschmaus bei unserem – leider verstorbenen – Freund Heinz Herkner war so, dass man sich ab Weihnachten darauf gefreut hat. Wenn ich von Kitzbühel nach Wien fahre, achte ich darauf, vor der Mittagspause in der Oberwang zu sein, um dort beim Fleischhauer auf ein „warmes Surbratl" einzukehren, und einige Paare Kalbsbratwürste mitzunehmen.

Natürlich beschränkt sich die Freude am Genuss keineswegs auf Essen und Trinken. Wenn sich Michael in seinen geliebten Irrsee stürzt, stößt er beim Auftauchen Lustgeräusche aus, mit denen man einen Pornofilm synchronisieren könnte. Und wenn er anschließend in seiner Sauna sitzt, stöhnt er leise, aber genussvoll vor sich hin. Und wenn wir in Venedig auf einer Terrasse sitzen, genießen wir geradezu andachtsvoll stumm den Blick, der sich einem – egal wo man dort sitzt – bietet.

Wir sind Epikureer, Hedonisten, wenn man will, ohne in die Niederungen eines dumpfen Phäakentums abzugleiten. Essen, Trinken, Schauen, Hören, alles mit Freude – aber mit Maß und Ziel. Und je älter wir werden, umso mehr gilt dieses Prinzip der vernünftigen Freude am Genuss. Meistens.

Morgens die Sonne erwarten,
abends die Nacht! Sonst nichts!
Das ist alles!

Peter Altenberg

Ein leidenschaftlicher Raucher,
der immer von der Gefahr des Rauchens für
die Gesundheit liest, hört in den meisten
Fällen auf – zu lesen.

Winston Churchill

Ich verkoste die Sprache:
schmeckt köstlich!

Friederike Mayröcker

Ich habe einmal mit dem Trinken
aufgehört. Es war der schrecklichste Nachmittag
meines Lebens.

Humphrey Bogart

Wer sein Leben genießt, wird bald von
seiner Frau zur Rede gestellt.

Henrik Ibsen

Keiner von uns kommt
lebend hier raus.
Also hört auf,
euch wie Andenken zu behandeln.
Esst gutes Essen,
spaziert in der Sonne.
Springt ins Meer.
Sagt die Wahrheit und
tragt euer Herz auf der Zunge.
Seid albern, seid freundlich,
seid komisch.
Für nichts anderes ist Zeit.

Anthony Hopkins

Muße, nicht Arbeit ist das Ziel
des Menschen.

Oscar Wilde

Man kann die Erkenntnisse der Medizin auf
eine knappe Formel bringen:
Wasser mäßig genossen, ist unschädlich.

Mark Twain

Nach einem guten Dinner kann
man jedem verzeihen, selbst seinen
eigenen Verwandten.

Oscar Wilde

Bernhardiner ist das Letzte, was ich sein möchte.
Dauernd die Flasche am Hals, und niemals
trinken dürfen.

Joachim Ringelnatz

Wenn ich wüsste,
was Kunst ist, würde ich es für
mich behalten.

Pablo Picasso

Wie wollen Sie ein Land regieren,
in dem es 246 verschiedene
Sorten Käse gibt?

Charles de Gaulle

Das wäre ja schlimm:
ein Bürgermeister von Wien,
der – grundsätzlich – keinen
Wein trinkt.

Helmut Zilk

Witz ist wie Kaviar.
Er sollte nur in kleinen Bissen
genossen werden, und nicht dick
aufgetragen wie Marmelade.

Noël Coward

Wenn du immer alle Regeln befolgst,
verpasst du den ganzen Spaß.

Katharine Hepburn

Erwachsen ist man,
wenn man das vereinen kann:
lieben, arbeiten, genießen.

Sigmund Freud

Ich kann allem widerstehen –
nur der Versuchung nicht.

Oscar Wilde

Man muss den Menschen vor
allem nach seinen Lastern beurteilen.
Tugenden können vorgetäuscht sein,
Laster sind echt.

Klaus Kinski

Der Maler ist das Auge der Welt.

Otto Dix

Lust ist der einzige Schwindel,
dem ich Dauer wünsche.

Walter Serner

Besser zu viel gegessen als
zu wenig getrunken.

Maxi Böhm

Schlaf ist das einzige Glück,
das man erst recht genießt,
wenn es vorbei ist.

Alfred Polgar

Es ist leichter,
einer Begierde ganz zu entsagen,
als in ihr Maß zu halten.

Friedrich Nietzsche

Genuss ist nur ein Tropfen im
Cocktail des Glücks, doch welch
Würze verleiht er!

Albert Memmi

Andere lassen sich gehen,
ich lasse mich fahren.

Hans Dieter Hüsch

Es gibt keine Religion –
außer Sex und Musik.

Sting

Während meiner Jugendjahre
in Wien hieß es, dass man ein
wirklich perfektes Wiener Schnitzel
folgendermaßen prüfen könne:
Man setze sich mindestens
eine Sekunde lang darauf,
ohne dass ein Fettfleck am
Hosenboden bleibt.

Joseph Wechsberg

Kein Mann trinkt zu seinem Vergnügen.

Ernest Hemingway

Gedichte sind ja nichts
anderes als Zaubersprüche,
die bewirken, dass du außer
dir bist.

Gert Jonke

Die eigentlichen Entdeckungsreisen
bestehen nicht aus dem Kennenlernen neuer
Landstriche, sondern darin, die Dinge
mit anderen Augen zu sehen.

Marcel Proust

Wasser ist nicht zum Trinken da,
sonst hätte Gott nicht so viel
davon gesalzen.

Brendan Behan

Den wahren
Kunstkenner
erkennt man daran,
dass er bei Aktbildern
Höchstpreise für
die Adresse des
Modells zahlt.

Jacques Tati

Es gibt Psychologen,
die in einer kurzen weißen Jacke
arbeiten – hinter einer Bar.

Robert Lembke

Ich behandle das Leben als
etwas Unangenehmes, über das man durch
Rauchen hinwegkommen kann!
(Ich lebe, um zu rauchen.)

Robert Musil

Morgen nennt man den Tag, an dem die
meisten Fastenkuren beginnen.

Gustav Knuth

Arbeit ist etwas Unnatürliches.
Faulheit allein ist göttlich.

Anatole France

Zeit, die man mit
Genuss verschwendet, ist keine
verschwendete Zeit.

Marthe Troly-Curtin

Ich habe die Erfahrung gemacht,
dass Leute ohne Laster auch sehr
wenige Tugenden haben.

Abraham Lincoln

Das Leben ist eine Illusion,
hervorgerufen
durch Alkoholmangel.

Charles Bukowski

Wer den Mund hält,
weil er unrecht hat, ist ein Weiser.
Wer den Mund hält,
obwohl er recht hat, ist verheiratet –
oder Pfeifenraucher.

George Bernard Shaw

Faulheit – das ist,
wenn jemand mit dem
Cocktail-Shaker in der Hand auf
das nächste Erdbeben
wartet.

Danny Kaye

Das Erste, was man
bei einer Abmagerungskur verliert,
ist die gute Laune.

Gert Fröbe

Noch ein
Martini und ich lieg
unterm Gastgeber.

Dorothy Parker

Kunst hat mit
Geschmack
nichts zu tun.

Max Ernst

Was ich habe,
ist Charakter in meinem Gesicht.
Es hat mich eine Masse
langer Nächte und Drinks gekostet,
das hinzukriegen.

Humphrey Bogart

ALTER UND WEISHEIT

Stellen Sie sich vor, es klopft eines Tages an Ihrer Tür, Sie machen auf, und draußen steht das Alter, händchenhaltend mit der Weisheit, und begehrt höflich, aber bestimmt Einlass.

Sie finden, das Alter hätte mit seiner Aufwartung ruhig noch eine Weile warten können, aber immerhin hat es die Weisheit im Schlepptau. Wie heißt es doch so schön: Weisheit kommt mit dem Alter! Schön wär's!

Es stimmt schon, das Alter kommt nie allein, aber seine Begleitung sieht meist anders aus: Das kann die Gicht sein, oder ihre Cousine, das Rheuma, die Schwerhörigkeit, die Inkontinenz, eine lästige Gastritis oder nur harmloser Haarausfall. Die Auswahl ist groß. Aber ich muss gestehen, ich kenne niemand, über den ich sagen könnte, er oder sie sei im Alter weise geworden. Aber ich kenne ziemlich viele Menschen, bei denen im Alter der berühmte Altersstarrsinn eingesetzt hat, keine sehr angenehme Eigenschaft, und ganz weit weg von weise.

Was manche vielleicht mit Weisheit verwechseln, ist eine gewisse Müdigkeit, ein Erlahmen der Lust zu streiten oder Recht zu behalten. Aber unter weise verstehe ich was anderes: Leben in seiner Ganzheitlichkeit zu erfassen, zu wissen, wie wichtig Güte, Liebe, Nachsicht und Wohlwollen sind, und sich dementsprechend zu verhalten. Weise hat nichts mit Wissen oder Bildung zu tun.

Ein Weiser muss nicht wissen, wann die Schlachten bei den Thermopylen waren, wie die neun Musen heißen oder aus welchem Material die Sichel war, mit der Kronos seinen Vater Uranos entmannte. Weise zu sein ist eine äußerst erstrebenswerte Eigenschaft, die zu besitzen nur den wenigsten gelingt, aber man sollte nichts unversucht lassen, sich ihr wenigstens in irgendeiner Form zu nähern. Und wenn dann das Alter mit all seinen „Mitbringseln“ kommt, worunter sich alles Mögliche befindet, nur halt die Weisheit nicht, kann man sagen: „Ich hab mir schon gedacht, dass die nicht dabei ist, aber das macht nichts. Die Angelegenheit ist seit Längerem in Arbeit.“

Man braucht sehr lange,
um jung zu werden.

Pablo Picasso

Humor ist der Regenschirm
der Weisen.

Erich Kästner

Mein Maskenbildner hat mir gesagt:
„Du siehst immer gleich aus. Nur dauert es
jetzt etwas länger, bis es soweit ist."

Hans-Joachim Kulenkampff

Fast jeder kommt als Genie auf die
Welt und wird als Idiot begraben.

Charles Bukowski

Auf die Frage nach dem Geburtstag
nennen Männer das Jahr und Frauen
den Monat.

Robert Lembke

Wer Arschloch war, bleibt‘s bis zum
letzten Pfaucher, wer leiwand war,
der ist es bis zum Ende.

Elfriede Gerstl

Was für ein
herrliches Leben hatte ich!
Ich wünschte nur, ich hätte es
früher bemerkt!

Colette

Das Alter hat zwei große Vorteile:
Die Zähne tun nicht mehr weh und man hört
nicht mehr all das dumme Zeug,
das ringsum gesagt wird.

George Bernard Shaw

Wer wirklich philosophiert, hat es dringend nötig.
Der Weise ist bereits angelangt.

Ludwig Marcuse

Keine Grenze verlockt mehr zum
Schmuggeln als die Altersgrenze.

Robert Musil

Viele Menschen würden eher sterben
als denken. Und in der Tat:
Sie tun es!

Bertrand Russell

Alter bringt nicht immer
Weisheit mit sich. Manchmal kommt
es auch allein.

Tom Wilson

Gesichter sind die Lesebücher
des Lebens.

Federico Fellini

Irgendein Ziel muss man haben
und ansteuern – der Sinn des Lebens
kann nicht sein, am Ende die Wohnung
aufgeräumt zu hinterlassen.

Elke Heidenreich

Die Seele kommt alt zur Welt,
aber sie wächst und wird jung.
Das ist die Komödie des Lebens.
Und der Leib kommt jung zur Welt
und wird alt. Das ist die Tragödie
unseres Daseins.

Oscar Wilde

Lang leben will halt alles,
aber alt werden will kein Mensch.

Johann Nestroy

Das Leben vieler Menschen ist nur eine
Reihe von Proben für eine Aufführung,
die nicht stattfinden wird.

Andreas Okopenko

Es gibt alte Piloten und es gibt
kühne Piloten, aber es gibt keine alten,
kühnen Piloten.

André Kostolany

Je länger der Mensch Kind bleibt,
desto älter wird er.

Novalis

Pariserinnen sind wahrhaft elegant.
Sie bekommen keinen Schreck,
wenn sie 30 werden.

Peter Ustinov

Eines der besten Mittel gegen
das Altwerden ist das
Dösen am Steuer eines
fahrenden Autos.

Juan Manuel Fangio

Auch mit 60 kann man 40 sein –
aber nur noch eine
halbe Stunde am Tag.

Anthony Quinn

Manche Leute altern, andere reifen.

Sean Connery

Ich glaube nicht an ein Leben nach dem Tod,
obwohl ich ein paar Unterhosen zum Wechseln
mitnehmen werde.

Woody Allen

Man braucht zwei Jahre,
um sprechen zu lernen, und 50,
um schweigen zu lernen.

Ernest Hemingway

Alter schützt vor Liebe nicht, aber Liebe schützt
bis zu einem gewissen Grad vor Alter.

Jeanne Moreau

Denn die Welt ist von Narren gemacht,
damit Weise darin leben.

Oscar Wilde

Die Höschen,
die sie auf die Bühne werfen,
werden etwas breiter.

Udo Lindenberg

Wenn ich mein
Leben noch einmal leben könnte,
würde ich die gleichen Fehler machen.
Aber ein bisschen früher,
damit ich mehr
davon habe.

Marlene Dietrich

Wie alt man gerade geworden ist,
sieht man an den Gesichtern derer,
die man jung gekannt hat.

Heinrich Böll

Du kannst dir nicht aussuchen,
wie du stirbst. Oder wann.
Du kannst nur entscheiden,
wie du lebst.
Jetzt.

Joan Baez

Die Altersweisheit gibt es nicht.
Wenn man altert, wird man nicht weise,
sondern nur vorsichtig.

Ernest Hemingway

Ein guter Aphorismus
ist die Weisheit eines ganzen Buches
in einem einzigen Satz.

Theodor Fontane

Die Jugend
wäre eine schönere Zeit,
wenn sie erst später
im Leben käme.

Charles Chaplin

Älterwerden ist großartig.
In Anbetracht der Alternative.

Michael Caine

Die Erinnerung
ist eine Fata Morgana
in der Wüste des
Vergessens.

Gerhard Roth

Jeder Mensch ist ein Clown,
aber nur wenige haben den Mut,
es zu zeigen.

Charlie Rivel

Im Alter bereut man vor allem die Sünden,
die man nicht begangen hat.

William Somerset Maugham

Wir fragen immer nur,
ob es ein Leben nach dem Tode gebe.
Wir sollten fragen: Gibt es ein Leben
nach der Geburt?

Samuel Beckett

Man möchte leben,
ohne zu altern; und man altert in
Wirklichkeit, ohne zu leben.

Alexander Mitscherlich

Ein Mann mit weißen Haaren
ist wie ein Haus, auf dessen Dach Schnee liegt.
Das beweist aber noch lange nicht,
dass im Herd kein Feuer brennt.

Maurice Chevalier

Ich lebe, aber wozu?
Der ungeheuerliche Witz,
dass ich auf der Welt bin,
wird doch eine Pointe haben.
Also warte ich.

Christoph Hein

Der moderne Mensch
in seiner Grausamkeit hat ein
elftes Gebot erfunden:
Du darfst nicht alt aussehen.

Michel Simon

Gerechtigkeit ist nichts
anderes als die Nächstenliebe
des Weisen.

Gottfried Wilhelm von Leibnitz

Ich möchte vor allem
ein alter Mann mit einem guten Gesicht sein,
so wie Hitchcock oder Picasso.

Sean Connery

Jetzt sind die guten alten Zeiten,
nach denen wir uns in zehn Jahren
zurücksehnen werden.

Peter Ustinov

Alte Leute sind gefährlich –
sie haben keine Angst vor der Zukunft.

George Bernard Shaw

BÖSWILLIGES

ist fad, uninteressant, unsympathisch, außer – es ist mit Witz gepaart! Böse + Witz bilden eine unschlagbare Partnerschaft. Eine lange Liste amerikanischer Stand-up-Komiker legen davon Zeugnis ab, und als Wiener hat man sowieso eine angeborene Affinität für diese Kombination – eine Art Kennzeichen dieser Stadt. Wie hat Karl Kraus so treffend gesagt: „Was dem Franzosen seine Baskenmütze und dem Hamburger Zimmermann seine breite Hose, ist dem Wiener seine Niedertracht!"

Der große Fritz Kortner war einige Tage in Hamburg, um eine Inszenierung vorzubereiten, und ging natürlich abends ins Theater. Als er zurückkam, erzählte er am Haeusserman-Stammtisch: „Also, ich war doch jetzt in Hamburg, und jetzt weiß ich, warum die Hamburger ein Theater haben!" Etwas erstaunt fragten einige „Warum?" – „Damit die Seeleute auch an Land was zum Kotzen haben!" Das stürmische Lachen der Wiener Kollegen verebbte aber rasch, als er fortsetzte: „Na ja, es wird ja überall schlecht Theater gespielt, aber am Burgtheater sind sie auch noch stolz drauf!" Haeusserman selbst war Großmeister des bösen Witzes. Es wurde in Wien vor der Karlskirche so ein mittelalterliches Allegorie-Spiel von Calderon gespielt: *Das Leben ein Traum*. Angelika Hauff vom Burgtheater spielte die „Welt", ich kam am Abend zum Stammtisch und fragte ihn, wie das Stück am Nachmittag vor der Kirche denn gewesen wäre. Seine Antwort: „Also, die Welt ist ja schon schlecht, aber so schlecht wie die Hauff ist sie auch wieder nicht!" Verzeih, liebe Angelika, in welchen elysischen Gefilden du jetzt auch immer weilen magst, aber der Witz ist einfach zu gut!

Sir Alfred Hitchcock war sicher einer der bedeutendsten Filmemacher des 20. Jahrhunderts – und verachtete Schauspieler!
Sie waren für ihn „cattle" – Rindviecher, die man auch so behandeln musste. Einmal durfte ein Freund von ihm bei den Dreharbeiten zuschauen, war entsetzt, wie er mit seinen Schauspielern umging. Er fragte ihn nach dem Dreh, warum er das täte, sie wären doch schließlich „menschliche Wesen"! Hitchcock knurrte nur: „Hast du schon einmal mit einem von ihnen Mittag gegessen?

Ein Selfie
ist elektronische
Masturbation.

Karl Lagerfeld

Manche Leute drücken nur ein Auge zu,
damit sie besser zielen können.

Billy Wilder

Weil Gott vom Affen enttäuscht war, schuf
er den Menschen.
Auf weitere Experimente hat er
verzichtet.

Mark Twain

Nationalgefühl hat man, wenn man sich
für seine Nation schämt.

Helmut Qualtinger

Das Schlimmste an den
Minderwertigkeitskomplexen ist,
dass die falschen Leute sie haben.

Alain Delon

Ich habe es satt,
die Menschen zu durchschauen.
Es ist so leicht, und es führt zu nichts.

Elias Canetti

Die Deutschen verdanken ihr
Wirtschaftswunder ihrem Fleiß,
ihrer Strebsamkeit und ihrer Ausdauer.
Das österreichische Wirtschaftswunder
hingegen ist wirklich
ein Wunder.

Julius Raab

Filmemacher sollten bedenken,
dass man ihnen am Tag des Jüngsten Gerichtes
alle ihre Filme vorspielen wird.

Charlie Chaplin

Dass der liebe Gott der Klugheit
Grenzen gesetzt hat und
der Dummheit nicht, das nehme ich
ihm wirklich übel.

Konrad Adenauer

Gut erzogen zu sein
ist heutzutage ein großer Nachteil.
Es schließt einen von
so vielem aus.

Oscar Wilde

Der Mensch ist das einzige Lebewesen,
das erröten kann.
Er ist aber auch das einzige,
das Grund dazu hat.

Mark Twain

Für mich gibt es
nur zwei Sorten von Kritikern,
Schreiberlingen, diesen
fragwürdigen Existenzen.
Die einen können mich
am Arsch lecken, und die anderen
dürfen nicht einmal das.

Oskar Werner

Es gibt nur jüdische, schwule und
schlechte Pianisten.

Vladimir Horowitz

Der Wiener Begabung
gratuliert man gern zum 70-jährigen
Berufsjubiläum als Talent.

Werner Schneyder

Viele Menschen sind zu gut erzogen,
um mit vollem Mund zu sprechen,
aber sie haben keine Bedenken,
es mit leerem Kopf zu tun.

Orson Welles

Die Österreicher haben das
Kunststück fertiggebracht, aus Beethoven
einen Österreicher zu machen, und aus Hitler
einen Deutschen.

Billy Wilder

Er sieht
vielleicht aus wie ein Idiot
und redet wie ein Idiot,
aber lassen Sie sich
nicht täuschen –
er ist wirklich ein Idiot!

Groucho Marx

In Wien hat sich seit 100 Jahren nichts verändert,
nur der Kaiser kommt nicht mehr.

Fritz Molden

Vor dem Komponisten Strauss
ziehe ich meinen Hut.
Vor dem Menschen Strauss setze
ich ihn wieder auf.

Arturo Toscanini

Wer auf der Stelle tritt,
kann nur eins produzieren:
Sauerkraut.

Carl Merz

Der eigene Hund macht keinen Lärm –
er bellt nur.

Kurt Tucholsky

Zwei Dinge sind unendlich,
das Universum und die menschliche Dummheit,
wobei ich mir beim Universum noch
nicht sicher bin.

Albert Einstein

Nur nicht gleich sachlich werden!
Es geht ja auch persönlich.

Anton Kuh

Wenn Sie glauben. es sei schwierig,
neue Menschen kennenzulernen, heben Sie
einmal einen falschen Golfball auf.

Jack Lemmon

Jeder ist überzeugt, er könne Bücher kritisieren, nur
weil er lesen und schreiben gelernt hat.

William Somerset Maugham

Ich hatte schon immer das Gefühl,
dass es nur zwei echte amerikanische
Kunstformen gibt:
Jazz und Westernfilme.

Clint Eastwood

Das Wort „Familienbande“
hat einen Beigeschmack von
Wahrheit.

Karl Kraus

Ärzte haben es am besten
von allen Berufen:
Ihre Erfolge laufen herum
und ihre Misserfolge
werden begraben.

Jaques Tati

Ich glaube, das Problem in Österreich liegt darin,
dass zwar alle von der Zukunft sprechen,
jeder aber nur die Pension meint.

Alfred Dorfer

Auch das schlechteste Buch hat
eine gute Seite – die letzte.

John Osborne

Der Engländer liebt das Gefühl,
dass er über sich selbst lachen kann.
Er tut das aber nur, um den anderen die Freude
zu nehmen, über ihn zu lachen.

Peter Ustinov

Bildung kommt vom Bildschirm
und nicht vom Buch, sonst hieße
es ja Buchung.

Dieter Hildebrandt

Es gibt leider nicht sehr viele Eltern,
deren Umgang für ihre Kinder
wirklich ein Segen ist.

Marie von Ebner-Eschenbach

In Spanien gibt's für eine Niederlage drei Gründe:
Entweder war der Wind zu stark oder
die Sonne zu heiß – oder die gestifteten Kerzen in
der Kirche waren zu kurz.

Max Merkel

Wer auf gute Gesellschaft Wert legt,
hält sich an Tiere.

George Bernard Shaw

Unter den Menschen gibt es viel
mehr Kopien als Originale.

Pablo Picasso

Die deutsche Sprache sollte sanft
und ehrfurchtsvoll zu den toten Sprachen
abgelegt werden, denn nur die Toten haben die Zeit,
diese Sprache zu lernen.

Mark Twain

Die Wartezeit,
die man bei Ärzten verbringt,
würde in den meisten Fällen
ausreichen, um selbst Medizin
zu studieren.

Dieter Hallervorden

Als ich entführt wurde,
ergriffen meine Eltern sofort Maßnahmen:
Sie vermieteten mein Zimmer.

Woody Allen

Wenn du über dich nicht
lachen kannst, bin ich gerne bereit,
das für dich zu übernehmen.

Groucho Marx

Ein Kritiker ist eine Henne, die gackert,
wenn andere Eier legen.

Giovanni Guareschi

Es gibt drei goldene Regeln,
um einen guten Roman zu schreiben.
Leider sind sie unbekannt.

William Somerset Maugham

Eine Meinung auf
die Spitze treiben, sich
hineinstemmen, dass alle
Meinungen ein bisschen verschoben
werden. Dann reißt sie und schnalzt
den Seicherln hinter dir
in die Visage.

Oswald Wiener

Auch ein Mensch,
der zwanzig Sprachen beherrscht,
gebraucht seine Muttersprache,
wenn er sich in den
Finger schneidet.

Jean-Paul Belmondo

Dummheiten können reizend sein.
Dummheit nicht.

Alberto Moravia

Er las immer
»Agamemnon«
statt »angenommen«,
so sehr hatte er seinen
Homer gelesen.

Christoph Lichtenberg

Es bewährt sich,
an das Gute im Menschen zu glauben,
sich aber auf das Schlechte
zu verlassen.

Alfred Polgar

Ich bin nämlich eigentlich ganz anders,
aber ich komme nur so selten dazu.

Ödön von Horváth

Journalisten schreiben,
weil sie nichts zu sagen haben,
und haben etwas zu sagen,
weil sie schreiben.

Karl Kraus

Wenn früher
hundert Weiße einen Schwarzen
verfolgt haben, nannte man es Ku-Klux-Klan.
Heute heißt es Golf.

Tiger Woods

Überhaupt,
wenn mich jemand
beschimpft, kann ich mich verteidigen;
wenn mich aber jemand lobt,
bin ich wehrlos.

Sigmund Freud

Das ist eine sehr gute Frage.
Ich möchte sie nicht durch eine
Antwort verderben.

John Cage

Wer leicht
rot wird,
sollte beim Lügen
Grün tragen.

Yves Saint-Laurent

Es ist ein Klischee, dass die meisten Klischees
der Wahrheit entsprechen. Aber wie die meisten
Klischees entspricht natürlich auch dieses
Klischee nicht der Wahrheit.

Stephen Fry

Die Leute vom Fernsehen
haben schlechte Manieren.
Man wird heute angerufen von der
Television wie ein Call-Girl.

Oskar Werner

Die Kunst,
langweilig zu sein,
besteht darin, alles zu sagen,
was man weiß.

Winston Churchill

Und sollte
ich vergessen haben,
jemanden zu beschimpfen,
dann bitte ich um
Verzeihung!

Johannes Brahms

Seien Sie vorsichtig
beim Lesen von Gesundheitsbüchern –
Sie könnten an einem
Druckfehler sterben.

Mark Twain

Wer immer
das letzte Wort haben will,
führt bald nur noch
Selbstgespräche.

Hermann Hesse

Kritiker sind Leute,
die ursprünglich Henker
werden wollten,
diesen Beruf aber knapp
verfehlt haben.

Harold Pinter

Gott denkt in den Genies,
träumt in den Dichtern und schläft
in den übrigen Menschen.

Peter Altenberg

Seltsam:
Auch die größten
Vegetarier beißen nicht
gerne ins Gras.

Joachim Ringelnatz

Freud gebührt das Verdienst, in die Anarchie des Traums eine Verfassung eingeführt zu haben. Aber es geht darin zu wie in Österreich.

Karl Kraus

Als Gott den Menschen erschuf, war er bereits müde; das erklärt manches.

Mark Twain

Filmkritiker haben die wichtige Aufgabe, dem Publikum zu erklären, warum es einen Film niemals verstehen wird.

René Clair

Nur oberflächliche Menschen urteilen nicht nach Äußerlichkeiten.

Oscar Wilde

Ich bin wirklich erleichtert,
dass sich das Universum
endlich erklären lässt.
Ich dachte schon, das Problem
läge bei mir.

Woody Allen

Manche Leute
braucht man nicht zu parodieren.
Es genügt, dass man sie zitiert.

Robert Neumann

Mit der Wahrheit ist das wie mit
einer stadtbekannten Hure.
Jeder kennt sie, aber es ist peinlich,
wenn man ihr auf
der Straße begegnet.

Wolfgang Borchert

Die schwierigste Turnübung ist immer noch,
sich selbst auf den Arm zu nehmen.

Werner Fink

Jedes Mädchen kann glamourös sein.
Du musst nur stillstehen und
dumm dreinschauen.

Hedy Lamarr

Viele junge Leute
ereifern sich über Anschauungen,
die sie in 20 Jahren
haben werden.

Jean-Paul Sartre

Wenn mir jemand sagt,
sein Wort sei so gut wie seine
Unterschrift, dann nehme ich
immer die Unterschrift.

Alain Delon

Im Leben muss
man dauernd zwischen
Aufrichtigkeit und
Höflichkeit wählen.

Sophia Loren

Mir ist nichts
widerlicher als ein forciertes
Betonen der Gemütlichkeit.

Georg Trakl

Moralisten sind Menschen,
die sich dort kratzen,
wo es andere juckt.

Samuel Beckett

Ich schreibe für die kommenden Klugscheißer;
um das Milieu dieser Ära komplett zu machen.

Oswald Wiener

Die ersten Menschen
waren nicht die letzten Affen.

Erich Kästner

Die Autoren

Michael Horowitz ist Fotograf, Journalist, Schriftsteller und Verleger. Er ist Autor von Biografien, u. a. über H. C. Artmann, Leonard Bernstein, Heimito von Doderer. Zahlreiche Auszeichnungen, darunter das Große Ehrenzeichen für Verdienste um die Republik Österreich oder der „Prix de la Jeunesse“ bei den Filmfestspielen in Cannes für das „Caracas“-Drehbuch.

Heinz Marecek erhielt seine Ausbildung am Max Reinhardt Seminar in Wien. Er ist seit 1966 als Schauspieler, Regisseur, Übersetzer und Autor tätig, seit 20 Jahren überwiegend fürs Fernsehen („Soko Kitzbühel“, „Bergretter“). Er ist seit 35 Jahren mit der Schauspielerin Christine Golin verheiratet und lebt mit ihr auf Ibiza.